NOTICE

SUR

LOUIS-MICHEL PETIT

GRAVEUR EN MÉDAILLES

PRÉCÉDÉE

D'UN APERÇU DE L'HISTOIRE DE LA GRAVURE EN MÉDAILLES

PAR

ALPHONSE PAULY

Avec un Portrait gravé par H. Brévière.

PARIS

LIBRAIRIE D'ALPHONSE TARIDE

2, RUE DE MARENGO

(Ancienne rue du Coq-Saint-Honoré).

1858

NOTICE

SUR

LOUIS-MICHEL PETIT

GRAVEUR EN MÉDAILLES ;

PRÉCÉDÉE

D'un Aperçu de l'Histoire de la Gravure en Médailles.

Avant de parler de la vie et des œuvres de Michel Petit, nous allons essayer d'esquisser en quelques lignes l'histoire de la gravure en médailles dont les monuments offrent tant d'intérêt aux archéologues, aux historiens et aux artistes.

Sous le nom de médailles, on désigne non seulement les pièces de métal fabriquées en l'honneur d'une personne illustre, ou dans le but de perpétuer le souvenir d'un grand événement, mais aussi les anciennes monnaies qui ne sont plus pour nous qu'un objet de curiosité ou d'étude.

Les Egyptiens sont très probablement les premiers qui firent usage de monnaies. Des bas-reliefs découverts sous les ruines de Thèbes, et qui semblent remonter à une très haute antiquité, prouvent qu'on s'en servait déjà à l'époque où furent exécutés ces monuments. En outre, suivant la judicieuse remarque de M. Hœfer, comme les plus anciennes pièces monnayées portent des figures d'animaux et plus particulièrement de vaches et de taureaux qui étaient des divinités égyptiennes, il est très rationnel d'en attribuer l'invention aux Egyptiens. Hérodote (I, 94) assure, au contraire, que ce sont les Lydiens qui ont fabriqué les premières pièces métalliques couvertes d'empreintes ou de signes connus et représentant une valeur déterminée.

Nous ne possédons guère de données plus complètes et plus précises sur l'époque où eurent lieu les premiers essais de gravure en médailles, ni sur le nom du prince dont le règne vit naître cette branche importante des beaux-arts. On en attribue l'honneur à Janus, à Numa et même à Démodocès de Cymé, femme du roi Midas. Nous savons seulement par les assertions d'un grand nombre d'historiens confirmées par les Marbres de Paros que les Grecs commencèrent à frapper des monnaies sous le règne de Phédon, roi d'Argos, vers l'an 894 avant Jésus-Christ.

Les figures monstrueuses dont sont couvertes les premières monnaies offrent l'image d'un dieu, d'un roi ou d'un héros; d'autres fois elles représentent des animaux. Le travail en est grossier et fait voir que l'on est dans l'enfance de l'art. Pour trouver plus de goût et plus de perfection, il faut arriver à cette période de temps qui commence au règne de Philippe et se termine à la mort d'Auguste. C'est l'époque la plus brillante de l'histoire de la gravure en médailles dans l'antiquité. Alors furent frappées ces pièces remarquables par la richesse de la composition, la délicatesse du dessin et la finesse du burin. Dans ces ouvrages qui sont encore d'excellents modèles en ce genre, le métal a reçu des proportions plus exactes, le style du dessin est devenu d'une plus grande pureté et d'une plus parfaite correction. Les auteurs anciens ne nous ont transmis aucun renseignement sur les artistes qui ont gravé tant de chefs-d'œuvre. Comme les graveurs n'avaient pas alors l'habitude de signer leurs ouvrages, nous sommes dans une ignorance profonde sur les noms des auteurs de ces belles médailles si recherchées des numismates.

Ce développement ne fut que passager, il s'arrêta à la mort d'Auguste. La tyrannie et la cruauté des successeurs de ce prince, les démêlés survenus entre Othon, Vitellius et Vespasien et surtout l'affermissement de l'aristocratie militaire amenèrent une décadence qui fit de rapides progrès et aboutit à une barbarie complète. Prolixité des inscriptions, grossièreté des types, altération de la forme des lettres, enfin absence de goût et d'art, c'est ce qu'on rencontre dans la plupart des médailles frappées depuis la mort du fondateur de l'empire romain. Quelques empereurs, entre autres Julien, Antonin et Théodose, essayèrent en vain, par les nombreux encouragements qu'ils accordèrent aux arts, de leur rendre l'éclat dont ils avaient brillé. Leurs efforts furent infructueux et vinrent se briser contre la force irrésistible qui tendait à tout envelopper dans la même chute.

Les arts ressemblent aux lettres : pour prospérer, ils ont besoin des loisirs de la paix et de la liberté. C'est ainsi que, plus tard, échouèrent, dans notre pays, les nobles tentatives de Clovis qui avait compris que la gloire militaire ne suffit pas pour illustrer un règne. Les guerres extérieures et les dissensions intestines paralysèrent ces projets de restauration, comme le prouvent les pièces frappées à cette époque. Charlemagne, qui tenta de raviver le goût des lettres par la fondation d'écoles nombreuses, voulut aussi, dit Eginhard, remplir ses États de monuments artistiques pour servir à leur ornement et à leur prospérité. Il commanda lui-même de grands ouvrages et il s'efforça d'inspirer l'amour des arts aux nobles et aux évêques. Il provoqua aussi leur libéralité en faveur des artistes qu'il appelait des pays étrangers et dont les plus habiles recevaient dans son palais une magnifique hospitalité. Ce prince s'occupa beaucoup de la fabrication des monnaies qui furent l'objet d'un réglement en 794 et de deux capitulaires en 805 et en 808. Malheureusement, les successeurs de Charlemagne ne poursuivirent pas ces essais de rénovation artistique. Les troubles et les guerres dont la France fut le théâtre pendant une longue suite d'années laissèrent peu de loisirs aux princes pour s'occuper de ce qui pouvait favoriser le développement des arts. Cependant la gravure en médailles ne périt pas entièrement, quoiqu'elle ne fût dirigée que d'après un goût barbare et une grossière imitation de la nature durant toute cette période d'agitation et de bouleversement nommée moyen âge.

C'est sous le règne de Charles VIII que furent fabriquées les premières médailles françaises proprement dites, car les pièces d'une date antérieure ne sont que d'anciennes monnaies ayant eu un cours légal. Une des plus anciennes et des plus célèbres médailles françaises est celle qui fut exécutée en 1495 en l'honneur de la conquête du royaume de Naples et dont les coins existent au Musée monétaire de Paris. En voici la description : « Le roi, sur un char de triomphe traîné par quatre chevaux, la couronne en tête, tient une branche de laurier à la main droite. —Exergue: S. C. — Revers : Taureau marchant; à ses pieds, des épis de blé; au-dessous, un joug, au-dessus, un génie ailé tenant une couronne. — Module : 16 lignes (1). » —Cette médaille se ressent de la rudesse gauloise et laisse à désirer sous le rapport de l'art. Il en est de même de celle que la ville de Lyon fit frapper en 1499 pour conserver le souvenir du passage de Louis XII et d'Anne de Bretagne.

(1) Catalogue des poinçons, coins, médailles du Musée monétaire.

L'influence de la renaissance italienne n'avait pas encore pénétré en France.

En effet, à l'époque des Médicis, la gravure en médailles était sortie de l'espèce d'engourdissement où elle était plongée depuis plus de six siècles. Alors brilla celui que l'on peut regarder comme le véritable restaurateur de cet art, nous voulons parler de Vittore Pisano, plus connu sous le nom de Pisanello, qui exécuta, en 1438, la médaille de Jean Paléologue, dernier empereur de Constantinople, et, dix ans après, celle d'Alphonse, roi d'Aragon. Boldu, Benvenuto Cellini et quelques autres artistes éminents qui marchèrent sur les traces de Pisanello, firent faire de nouveaux progrès à la gravure en médailles en employant des procédés nouveaux et en améliorant d'une manière intelligente ceux de leurs prédécesseurs.

Excités par le spectacle de la renaissance italienne, François Ier et ses successeurs voulurent donner aux arts français tout l'éclat qu'ils avaient de l'autre côté des Alpes. Henri II se montra un des plus ardents protecteurs de la gravure des médailles et des monnaies. Sous son règne vécut Marc de Béchot (1), qui fut nommé, par édit du mois d'août 1547, tailleur général et graveur des figures des monnaies de France. Cet artiste, auteur de plusieurs œuvres remarquables, inventa une machine destinée à remplacer la fabrication au marteau. Henri III fit faire de nouveaux progrès à la gravure en créant, par un édit du mois de septembre 1585, l'établissement nommé Monnaie des Étuves où l'on devait s'occuper spécialement de la fabrication des médailles et des jetons. Les ordonnances royales (1554-1586) concernant les tailleurs ou graveurs

---

(1) On a très souvent confondu Marc de Béchot avec Nicolas Briot, l'inventeur du balancier. Cette erreur, accréditée par quelques historiens, est cependant facile à rectifier par un simple rapprochement de dates.

des médailles et des monnaies eurent d'heureux résultats pour le développement et l'amélioration de la gravure des médailles qui commença à se distinguer de la gravure des monnaies et tenta de plus en plus à se rapprocher de la sculpture.

Cependant nous sommes encore bien loin de la perfection que cet art devait atteindre sous Louis XIII. Dès les premières années du règne de ce prince, les deux plus grands graveurs que la France eût produits avaient exécuté ces chefs-d'œuvre qui ont immortalisé leur nom. Les médailles sorties du burin de Guillaume Dupré sont des plus remarquables sous le rapport de la composition et de l'exécution ; elles peuvent rivaliser avec les plus belles productions de l'art grec en ce genre. Jean Warin, qui devint tailleur général des monnaies de France, se montra le digne élève de Dupré surnommé à juste titre le Grand Dupré ; il parvint même plusieurs fois à égaler son illustre maître. Parmi les autres graveurs qui ont contribué à l'illustration de leur art, nous citerons Molart, Mauger et Bernard ; leur habileté est attestée par les nombreuses médailles dont ils sont les auteurs. La gravure en médailles atteignit presque à son apogée sous Louis XIII, grâce au talent hors ligne des artistes que nous venons de nommer et grâce aux efforts constants de ce prince pour en favoriser le perfectionnement. En 1629, il établit la communauté des tailleurs et graveurs de Paris dont les statuts furent confirmés le 10 septembre de la même année par arrêt de la cour des monnaies. Dix ans plus tard, en 1639, il transporta dans son château du Louvre l'établissement nommé *Monnaye du roy pour la fabrication des médailles, jettons et pièces de plaisir d'or, d'argent, de bronze et de cuivre.*

Le règne de Louis XIII vit aussi Nicolas Briot inventer le balancier dont l'adoption devait faire disparaître tous les inconvénients résultant de l'emploi du marteau qui donnait toujours des empreintes inégales. C'est en 1615 que cet inventeur célèbre proposa les moyens de frapper toutes les monnaies et médailles d'une manière uniforme et régulière. Comme cela arrive par trop souvent en France, ce projet appelé à rendre de grands services, essuya de vives oppositions. La cour des monnaies et les monnayeurs combattirent de toutes leurs forces l'introduction de cette invention, et firent à ce sujet plusieurs remontrances au roi. Cependant, en 1623, Briot obtint pour un an la ferme des monnaies par forme d'épreuve; mais, découragé bientôt par les entraves apportées sans cesse à la réalisation de ses projets, il alla, comme tant d'autres inventeurs méconnus, chercher en Angleterre l'appui qui lui était refusé en France. Les Anglais surent apprécier tout de suite le rôle important que le balancier était appelé à jouer dans la fabrication des monnaies et des médailles, et ne tardèrent pas à en faire usage. Malgré les succès obtenus par Briot en Angleterre, la France continua à conserver longtemps encore l'ancien système : ce ne fut qu'au mois de mars 1645 qu'un édit du roi vint proscrire l'emploi du marteau et ordonner de se servir exclusivement du balancier pour frapper les médailles et les monnaies. Ainsi on attendit trente ans pour profiter des avantages incontestables offerts par une invention qui devait immortaliser le nom de Nicolas Briot. Comme on le voit, le règne de Louis XIII forme la période la plus brillante de l'histoire de la gravure en médailles pendant les temps modernes.

Louis XIV, en créant l'Académie des médailles et des inscriptions destinée à favoriser l'étude et l'explication des monuments de l'antiquité et à perpétuer par des médailles, des bas-reliefs et des inscriptions le souvenir des événements les plus importants, donna un grand développement à la gravure en médailles. Alors commencèrent à paraître les séries historiques et officielles de médailles uniformes composées dans le but unique de transmettre à la postérité le souvenir de tout ce qui pouvait intéresser le roi et son gouvernement. Jamais on ne frappa plus de médailles qu'à cette époque : leur nombre s'élève à plus de cinq cents, sans parler d'une foule de médaillons faits par les plus habiles artistes et représentant des personnages marquants du temps. Jean Warin, Molart, Mauger, dont nous avons déjà parlé, sont les graveurs les plus célèbres de ce règne qui occupe une place si importante dans l'histoire des arts et des lettres en France.

Après la mort de Louis XIV, la gravure en médailles ne se maintint pas longtemps à la hauteur où elle s'était élevée avec Guillaume Dupré et Jean Warin. Elle dégénéra rapidement, perdit son caractère de grandeur et de noblesse et tomba dans l'affectation. L'école qui était à la mode à cette époque exerçait partout sa funeste influence, et dans toutes les branches des beaux-arts la recherche et le mauvais goût succédaient au vrai et au naturel. Duvivier père et Roettiers sous Louis XV, Gatteaux père, Duvivier fils, Droz et Dupré sous Louis XVI, ne purent, malgré leurs efforts, rendre à leur art son ancienne splendeur. Il était arrivé au point où il s'était trouvé dans les temps anciens sous les successeurs d'Auguste ; l'affectation dont on rencontre déjà des traces dans quelques pièces qui datent des dernières années du règne de Louis XIV l'avait fait rapidement décliner.

Les événements qui suivirent la Révolution française furent peu propres à arrêter ce commencement de décadence. La fabrication n'étant plus régie par des réglements sévères, quelques artistes sans talent usèrent de la liberté qui leur était accordée, et se mirent à graver des médailles d'un travail grossier et sans valeur au point de vue artistique. Cependant, la collection des médailles et des monnaies frappées sous la République nous offre encore des œuvres très remarquables parmi lesquelles figurent, en première ligne, les productions du burin de Dupré qui se montra digne du grand nom qu'il portait, et qui fut nommé graveur général des monnaies de France par un décret de l'Assemblée nationale en date du 11 juillet 1791. Tout le monde connaît ses belles monnaies représentant la Force et la Justice, ou offrant la tête de la Liberté et l'emblème de la Loi personnifiée par un génie écrivant sur des tables. Les médailles et les monnaies gravées par cet artiste se ressentent de l'état général des esprits, elles respirent une certaine énergie et elles ont un véritable cachet de grandeur.

Quand l'avénement de Napoléon Ier à l'empire changea la forme du gouvernement, la gravure en médailles prit un nouveau caractère et redevint officielle comme sous Louis XIV. Denon, directeur général des musées et de la monnaie des médailles, essaya de régénérer cet art en ramenant les graveurs vers l'étude des chefs-d'œuvre de l'antiquité. Malheureusement, un goût des plus purs ne présida pas toujours à l'imitation de ces intéressants monuments de la gravure en médailles chez les Grecs et les Romains; aussi, il en résulta parfois de maladroits pastiches qui n'eurent qu'un succès passager. La série des médailles frappées sous l'Empire s'élève à plus de deux cents; elle rappelle les éclatantes victoires et les autres faits mémorables qui signalèrent le règne de Napoléon. Gatteaux père, Andrieu, Dumarest, Galle, Brenet, etc., etc., sont les principaux auteurs de cette collection des médailles napoléoniennes.

Nous ne pousserons pas plus loin cet essai sur l'histoire de la gravure en médailles. Les noms des graveurs contemporains sont connus et chacun a pu apprécier le mérite de leurs œuvres qui ont presque toutes figuré aux expositions. Du reste, en voyant leurs médailles qui sont exposées au Musée monétaire établi près l'Hôtel des Monnaies à Paris, il est facile de juger s'il est vrai, comme quelques personnes le prétendent, que cet art a dégénéré et qu'il est entré dans une voie de décadence.

L. M. PETIT.

NOTICE

SUR

LOUIS-MICHEL PETIT

GRAVEUR EN MÉDAILLES.

Louis-Michel Petit, graveur en médailles, naquit à Paris le 29 août 1791. L'instinct de l'art se révéla de bonne heure chez lui, et ses premiers essais dénotèrent le sentiment et le goût qui caractérisent le véritable artiste. Placé par son père chez un ciseleur en bijoux, il consacrait à l'étude du dessin les moments de loisir que lui laissait la ciselure. Grâce à son intelligence et à son ardeur au travail, il fit des progrès rapides et il ne tarda pas à acquérir une assez grande habileté. C'est ainsi qu'il apprit à se servir du burin et qu'il s'initia à la gravure en médailles avec laquelle la ciselure n'est pas sans avoir quelques rapports.

Michel Petit entrait dans sa quinzième année quand il eut le malheur de perdre son père. Malgré sa jeunesse, il comprit de suite quels devoirs lui étaient imposés par le triste événement qui venait de frapper sa famille. On le vit alors redoubler de courage et d'activité et s'efforcer, par sa conduite à l'égard de sa mère et d'une de ses tantes qui demeurait avec eux, de ramener le bonheur dans cette maison d'où il semblait banni. Il allait voir ses espérances se réaliser lorsque la fortune lui fit de nouveau éprouver la rigueur de ses coups. Trois ans s'étaient à peine écoulés depuis la mort de son père quand sa mère mourut après une douloureuse maladie. Devenu orphelin à l'âge de dix-huit ans, il resta fidèlement attaché à sa tante, et, tant que vécut cette sœur de sa mère, il montra pour elle une tendresse et un dévoûment qui ne se ralentirent pas un seul instant. Cette noble conduite lui valut la bienveillante protection de Bertin Parant, un de nos plus grands peintres sur ivoire et sur porcelaine (1). Cet artiste était

---

(1) PARANT (Louis-Bertin), né à Mer (Indre), le 17 janvier 1768, mort à Paris au mois de décembre 1851, fut l'un de nos premiers peintres sur ivoire et sur porcelaine ; il se distingua par son talent à imiter la sardoine, l'agathe, la cornaline et le jaspe vert. Les ouvrages les plus remarquables exécutés par cet artiste sont : L'*Enlèvement de Proserpine par Pluton*, frise imitant la sardoine onix (1802) ; deux *Portraits de l'impératrice Joséphine* (1806 et 1808) ; *Napoléon s'occupant à fixer l'olivier de la paix sur le globe* (1810) ; *une Table de porcelaine représentant des capitaines grecs et romains*, exécutée par ordre de l'Empereur (1812) ; *Portrait de Louis XVIII* (1814) ; *l'Apothéose de Henri IV*, sur porcelaine de Sèvres ; *Louis XIV recevant la couronne de l'immortalité au milieu des grands hommes de son siècle* (1819) ; *la Fermeture du temple de Janus*, sur un vase de porcelaine de Sèvres (Musée du Louvre) ; *l'Amour à la porte d'Anacréon* (1824) ; *une Frise représentant l'emploi des fleurs dans le cours de la vie ; l'Entrée du roi à Paris après son sacre*, sur un vase de porcelaines de Sèvres (Musée du Louvre) ; *l'Amour se jouant des âmes* (1827), etc., etc.

plus que tout autre à même d'apprécier les heureuses dispositions de Michel Petit, il s'intéressa tout de suite à ce jeune homme et il lui témoigna une affection toute paternelle qui alla toujours en augmentant; car, quelques années plus tard, le 25 mai 1820, il lui donna une de ses filles en mariage.

D'après les conseils de son excellent protecteur, Michel Petit quitta l'atelier du ciseleur en bijoux chez lequel il travaillait et entra chez Simon, graveur en pierres fines et en cachets. Ces nouveaux travaux avaient un caractère plus élevé et rentraient mieux dans les goûts du jeune artiste, mais ils ne les satisfaisaient pas encore complétement; ses vues étaient plus hautes et ses désirs tendaient vers un autre but. Bientôt, voyant les progrès rapides de son protégé et reconnaissant en lui une aptitude réelle pour les arts, M. Parant songea à lui fournir les moyens de compléter, par des études sérieuses, les connaissances qu'il possédait déjà : il lui ouvrit les portes de l'atelier du statuaire Cartellier. Cet artiste comptait à cette époque parmi ses élèves David (d'Angers) et Rude qui avaient déjà obtenu de brillants succès à l'Ecole des Beaux-Arts. Un tel professeur et de tels condisciples étaient bien faits pour exciter son ardeur et son émulation. Il mena de front l'étude de la sculpture et de la gravure en médailles, et, en dehors de l'atelier, il continua à s'occuper de la gravure en cachets. Au bout de quelques années, Michel Petit abandonna la sculpture pour se consacrer exclusivement à la gravure en médailles. Cependant il exécuta, comme statuaire, plusieurs ouvrages remarquables, parmi lesquels nous citerons le *Buste en marbre du maréchal Mortier, duc de Trévise*, et deux statues représentant la *Foi* et l'*Espérance* destinées à la chapelle qui existait autrefois rue du Temple, sur l'emplacement maintenant occupé par un square. Il fut aussi l'auteur de plusieurs groupes en bronze dont le plus important est celui de *Jupiter endormi dans les bras de Junon*. Les œuvres dues à son ciseau et dont quelques-unes figurèrent à l'exposition de 1824 montrent que, s'il avait continué à cultiver cette branche de l'art, il serait parvenu à marcher sur les traces des deux grands artistes qui furent ses amis d'atelier et dont la France déplore aujourd'hui la perte encore récente.

Les premières médailles par lesquelles Michel Petit se fit connaître comme graveur sont celles du prince de Condé, de Joseph Vernet, de Copernic, de Vauban, de Christophe Colomb, de Newton, etc., etc. (1818-1819). Dans les années qui suivirent, il grava plusieurs portraits de personnages célèbres et une suite de médailles à l'usage des colléges qui furent exposées au salon de 1824. Les portraits exécutés pour la galerie métallique des grands hommes français, sont ceux de Bourdaloue, de Gérard Audran, de Laharpe, de Delille, de Marmontel, du duc d'Enghien, de Lamoignon, de Malesherbes, de Lebrun, de Forbin-Janson, etc., etc. Vers la même époque, il composa et exécuta deux pièces de mariage qui sont encore en usage aujourd'hui. L'une, destinée aux catholiques, représente un jeune homme et une jeune fille vêtus à l'antique, levant ensemble la main sur l'autel de l'Hyménée ; elle a pour légende : « Fidélité, bonheur ; » l'autre, symbole du mariage évangélique, offre l'image d'un jeune homme et d'une jeune fille à genoux au pied d'un autel, prêtant serment sur l'Evangile ouvert sur l'autel ; elle a pour légende : « Que l'homme donc ne sépare pas ce que Dieu a uni. » Toutes ces médailles brillent par la netteté et la vérité historique de leurs types et surtout par le goût et le soin qui ont présidé à leur exécution ; elles faisaient pressentir les succès que cet artiste devait bientôt obtenir.

Au mois d'octobre 1823, il fut décidé par le préfet de la Seine, que l'on mettrait au concours un projet de médaille à frapper à l'occasion de l'ouverture de la nouvelle Bourse et du Tribunal de commerce à Paris. Dans cette lutte ouverte entre les principaux graveurs, parmi lesquels on comptait MM. Brun, Caunis, de Paulis, Desbœufs, Dieudonné, Domard, Gatteaux, Gayrard, Michau et Tiolier, le premier rang fut obtenu par Michel Petit qui eut ainsi l'honneur d'être chargé d'exécuter cette médaille historique. Ce succès remporté sur de tels concurrents dont plusieurs étaient grands prix de Rome révéla ce que valait déjà cet artiste. Voici la description de cette médaille dont le modèle fut exposé au salon de 1824 et qui ouvre la liste des nombreux ouvrages exécutés par ce graveur pour le gouvernement : têtes superposées de Louis XVIII et de Charles X. Lég.: Louis XVIII. Charles X. Revers : la Ville de Paris assise sur une plinthe remet une clef à la Justice commerciale et à Mercure qui s'avancent vers elle, en leur indiquant du doigt le palais de la Bourse et du Tribunal de commerce que l'on aperçoit dans le fond. Exergue : Palais de la Bourse et du Tribunal de commerce achevé en 1825. Mod. 34 lignes.

Michel Petit, qui avait alors conquis une place honorable parmi les graveurs en médailles, obtint plusieurs commandes du gouvernement. En 1826, il fut chargé de faire le revers de la médaille exécutée à l'occasion de l'inauguration de la chapelle expiatoire élevée rue d'Anjou, à Paris, en l'honneur de Louis XVI et de Marie-Antoinette. L'année suivante, il fut choisi par le roi pour graver la médaille commémorative du rétablissement de la statue de Louis XIV sur une des places publiques de la ville de Caen.

Après la Révolution de juillet, tous les arts en général et la gravure en médailles en particulier furent appelés à perpétuer le souvenir des grands événements qui signalèrent cette époque mémorable de notre histoire. Alors fut frappé un grand nombre de médailles commémoratives des faits les plus importants qui suivirent ce changement de dynastie. Michel Petit fut désigné pour l'exécution de la médaille gravée en l'honneur du rétablissement de la Garde nationale. Voici comment cet artiste a su tirer parti du sujet qu'il avait à traiter : la Garde nationale est représentée sous la figure d'une femme casquée, vêtue à l'antique et le drapeau tricolore à la main : elle pose son épée sur les tables de la loi que la Justice, qui s'appuie sur elle, tient dans la main droite et elle semble faire serment de lui prêter assistance ; cette médaille dont le module est de 22 lignes a pour légende : « Force à la loi.—Ordre public. »

La création d'un musée monétaire près l'Hôtel des Monnaies de Paris fut pour Michel Petit la source d'un nouveau succès. Ce graveur, qui avait été désigné l'année précédente pour exécuter la médaille frappée à l'occasion de la visite de la reine des Français à l'Hôtel des Monnaies fut chargé de graver les figures du roi Louis-Philippe et de la reine Marie-Amélie pour la médaille commémorative de l'établissement de ce musée. Cette œuvre est des plus remarquables sous le rapport de la ressemblance et du mérite de l'exécution. Aussi le jour de l'inauguration, le roi se fit présenter l'artiste qui avait si bien réussi à reproduire ses traits et ceux de la reine, et après lui avoir exprimé publiquement ses félicitations, il lui déclara qu'il se chargerait des frais de l'éducation de ses trois fils.

Cette circonstance où Michel Petit avait pu faire apprécier son mérite exerça une heureuse influence sur le reste de sa vie. A partir de ce moment, il devint un des graveurs officiels et il eut souvent l'honneur d'être chargé de l'exécution de médailles historiques destinées à perpétuer le souvenir de quelque événement important pour la France ou pour la famille royale.

Presque chaque année vit sortir de son burin une œuvre importante. Au premier rang des médailles qu'il grava de 1836 à 1841 et dont plusieurs furent des commandes du gouvernement figurent celles qui rappellent la restauration du château de Versailles et la création des galeries historiques dont Louis-Philippe dota le pays et qu'il consacra à toutes les gloires de la France ; la prise de Constantine, cette page brillante de l'histoire de la conquête de l'Algérie ; le mariage de la princesse Marie d'Orléans avec le duc de Wurtemberg ; le baptême du comte de Paris ; la fin prématurée de la princesse Marie d'Orléans, à l'âge de vingt-six ans ; l'attentat commis par Darmès sur la personne du roi Louis-Philippe, et le deuil de la France lorsque mourut le duc d'Orléans.

Pendant les deux dernières années de sa vie (1842-1844), il exécuta la médaille donnée comme insigne aux membres de la Chambre des Députés et celles qui furent consacrées à Wilhem, le fondateur des écoles populaires de chant en France ; à Jacquart, l'immortel inventeur du métier à tisser qui porte son nom, et au baron Larrey, le célèbre chirurgien des guerres de l'Empire. Cette dernière médaille qui représente, d'un côté, le Génie de la Médecine portant secours à un soldat blessé et une mère et son enfant qui l'implorent ; de l'autre, l'effigie du baron Larrey, ne put être terminée par Michel Petit. La mort vint le frapper le 19 juillet 1844, avant qu'il eût le temps d'achever son œuvre ; le soin de la finir fut confié par madame veuve Petit à un artiste ami de la famille et que son mari avait lui-même désigné quelques heures avant sa mort.

Michel Petit n'avait que cinquante-trois ans quand il fut enlevé à sa famille et à ses amis par une mort prématurée. L'œuvre qu'il a laissé est considérable comme on peut s'en convaincre en visitant le Musée monétaire de Paris, où sont exposées presque toutes les productions de son burin. Outre les médailles dont nous avons cité les plus importantes dans le cours de ce travail, ce graveur exécuta une grande quantité de jetons. Les principaux sont ceux de la Caisse de la boulangerie de Paris, de l'Académie ébroïcienne, de la Société d'agriculture de Commercy, de la Société de médecine d'Amiens, de la Compagnie des paquebots de la Loire, de la Compagnie d'assurances maritimes, des Compagnies d'assurance sur la vie, de la Banque nationale d'épargne et de l'Equitable, etc., etc. Le grand nombre des ouvrages qu'il exécuta comme graveur de 1818 à 1844, dénote non seulement une grande facilité d'exécution, mais aussi une vie noblement consacrée au travail.

Michel Petit occupa une place distinguée parmi les artistes qui furent ses rivaux dans plusieurs concours, et dont quelques-uns entrèrent plus tard à l'Institut. Les avantages qu'il remporta sur ses confrères sont des preuves éclatantes de son talent. Du reste, le titre de membre du Comité consultatif établi près la monnaie des médailles qu'il reçut le 9 novembre 1839, les fonctions de membre du jury dans les concours ouverts parmi les graveurs en médailles, celles d'expert devant les tribunaux dont il fut souvent chargé, témoignent hautement de l'estime que l'on accordait à son talent.

A un rare fini dans le travail et au mérite de l'exécution, Michel Petit joignait une prodigieuse facilité de composition et une grande puissance d'imagination. Ses compositions généralement fort simples sont cependant très complètes et très expressives. Ainsi, appelé à composer une médaille à l'occasion de la mort de la princesse Marie d'Orléans, cette royale artiste en qui étaient réunis les qualités du cœur et les dons de l'esprit, il se contente de représenter, d'un côté, l'effigie de cette princesse ; de l'autre, un ange s'élevant au-dessus de la terre, avec cette légende : « Un ange est remonté au ciel ! » Que peut-on imaginer de plus simple et de plus expressif à la fois ?

La médaille consacrée à Wilhem, le créateur de l'Orphéon et le fondateur du chant populaire en France, offre une autre preuve de son talent à rendre d'une manière très précise et très concise les idées les plus complexes. Voici le programme donné à l'artiste : « D'un côté sera l'effigie de

Wilhem; de l'autre, dit M. Jomard dans son rapport à ce sujet, un revers significatif, exprimant, selon les conditions de l'art, mais aussi clairement que possible, l'application de l'enseignement mutuel au chant des écoles; ainsi le sujet devra représenter, non pas le symbole de la musique en général, mais le chant, et le *chant scolaire* en particulier; la musique instrumentale sera bannie de la représentation, puisque la nouvelle méthode ne connaît d'autre instrument que la voix humaine. Enfin, il faut que la médaille exprime par quel mode les notions du chant populaire sont transmises dans l'école et de là dans le peuple; problème difficile sans doute, mais fait pour exciter l'imagination d'un véritable artiste. Voici quelle solution lui a donnée Michel Petit; on jugera s'il a réussi : — Deux enfants qui figurent les écoles se tiennent debout; ils regardent un adolescent, symbole du génie de la musique vocale et de l'enseignement du chant : ils imitent son geste. Celui-ci est élevé sur une estrade de trois degrés; il chante, et les enfants chantent à son signal. Ce jeune homme est aussi l'emblème du *moniteur*. Il représente l'enseignement des élèves les uns par les autres. Il a la main gauche ouverte et l'index de la main droite posé sur l'auriculaire de l'autre main. A l'imitation de ce signe, les enfants posent également et simultanément l'index sur le petit doigt de la main gauche. C'est l'imitation de la main musicale perfectionnée par B. Wilhem. Tous deux, comme la figure principale, ont la bouche légèrement ouverte. Un des enfants *un peu plus avancé* que l'autre a déjà un pied posé sur un degré qu'il va franchir; ces trois degrés égaux expriment symboliquement la gradation des différentes classes de chant. Devant les enfants sont deux *tableaux* placés entre eux et le Génie de l'Enseignement; l'un représente l'*escalier vocal* de B. Wilhem; l'autre, son *indicateur vocal*. Ainsi, le chant, l'enseignement mutuel, la classification et les inventions principales de B. Wilhem, tout est exprimé ici, soit d'une manière positive, soit d'une manière symbolique également intelligente. Les inscriptions sont simples et suffisantes : la date de la fondation du chant scolaire (1819) et celle de l'Orphéon (1833), sont inscrites au bas du sujet principal, et autour, on lit ces mots : A B. Wilhem, ses amis, ses élèves, ses admirateurs. On lit autour du portrait la date de la naissance et de la mort de B. Wilhem. Le module est de 52 millimètres (1). »

Comme on le voit, Michel Petit est parvenu, grâce à son talent, à exécuter, avec un rare bonheur, le programme qui lui était imposé et il a parfaitement su triompher de l'exiguité de l'espace qui lui était accordé pour une composition aussi compliquée.

Les œuvres laissées par Michel Petit augmentèrent les regrets causés par sa mort parmi ceux qui avaient eu le bonheur de vivre dans son intimité ; elles faisaient penser à ce qu'on avait lieu d'espérer de son talent, si son existence n'avait pas été sitôt brisée.

L'art fut l'unique objet de ses pensées, le principal mobile de ses actions. C'est à cette source sacrée qu'il puisait une nouvelle ardeur et de nouvelles forces quand le mauvais état de sa santé l'obligeait à déposer son burin. Jusqu'au dernier moment, il se fit remarquer par son amour du travail et par son courage à surmonter les obstacles qui venaient contrarier ses projets. Quelques jours avant sa mort, il travaillait encore à la médaille du baron Larrey qu'il laissa inachevée. La modestie, cette qualité qui sied si bien au vrai talent, mais qui n'en est pas toujours la compagne, faisait le fond du caractère de cet artiste, et les nombreux succès qu'il obtint dans le cours de sa carrière ne l'altérèrent jamais. Le soin de sa fortune était ce qui

---

(1) *Journal d'Éducation populaire*, année 1843, page 217.

le préoccupait le moins ; ajoutez à cela que chez lui le désintéressement et la libéralité étaient souvent poussés à un trop haut degré. Ceux de ses amis qui ont eu besoin de faire appel à sa générosité ne l'ont jamais trouvé sourd à leurs demandes. Quand il s'agissait de rendre service, il suivait la première impulsion de son cœur, et il n'attendait pas que la froide raison vînt en modérer les élans. Aussi, Michel Petit ne laissa-t-il en mourant à sa veuve et à ses enfants que le souvenir d'une vie honorable et estimée et un nom distingué parmi les graveurs en médailles contemporains, le modeste mais noble héritage que lèguent à leur famille, à peu d'exceptions près, ceux qui se vouent à la culture des sciences, des arts et des lettres.

Paris. — Typ. d'Emile Allard, r. d'Enghien, 14.

www.ingramcontent.com/pod-product-compliance
Ingram Content Group UK Ltd.
Pitfield, Milton Keynes, MK11 3LW, UK
UKHW020540230726
13925UKWH00006B/2392

9 782014 051872